ÉCHOPPE DE BAZAR

PERSES ET RUSSES

I

Le vice-roi actuel des Indes, lord Curzon, dans un ouvrage remarquable sur la Perse, qui fait autorité par son importance documentaire, a démontré la décadence de l'Iran et prouvé que sa disparition de la carte d'Asie était fatale. Ce sera vraisemblablement la Russie qui l'absorbera dans la marche en avant de ses armées. Déjà, dès le siècle dernier, cette conquête était inscrite dans les plans des tsars. Lorsque Pierre le Grand eut pris pied au bord de la mer Noire et jeté des regards ambitieux sur la Caspienne, il profita des menaces dirigées par les Afghans contre l'empire du Chah pour s'immiscer dans les affaires intérieures de ce souverain. Le traité conclu en 1724 avec le Sultan Achmed III, et que Hammer Purgstall appelle avec raison le prélude et le prototype du partage de la Pologne, cédait à la Russie tout le territoire compris entre Derbent et Astrabad avec les provinces de Ghilan et de Mazanderan, tandis que la Porte s'attribuait une partie du nord-ouest de la Perse. Le Chah était mis en demeure de souscrire à cette convention s'il voulait conserver son trône que les usurpateurs s'engageaient à protéger contre l'invasion afghane. Dans le cas contraire on le laisserait à la merci de ses redoutables ennemis et on irait même jusqu'à le déposséder pour donner la couronne au prétendant le plus disposé à favoriser la combinaison russo-turque. La mort de Pierre le Grand et l'avènement de Nadir-Chah firent échouer ces desseins, mais Nadir ayant été assassiné dans une révolte de sa garde, le 15 mai 1747, son successeur Kerrim-Chah se montra si faible que les Russes purent mettre facilement à exécution leurs vues sur la Géorgie et la mer Caspienne. Aga-Mohamed, le fondateur de la dynastie des Kadjars, s'émut de ces tendances et déclara à la Russie une guerre qui semblait devoir mal tourner pour elle, quand le Chah périt sous le poignard d'un esclave. Feth-Ali-Chah, qui le remplaça, se trouva aux prises avec les divers partis hostiles au pouvoir et les Russes saisirent l'occasion pour aller s'installer définitivement dans la Géorgie (1800). Feth-Ali ne s'y opposa point, mais un événement plus grave encore l'obligea bientôt à sortir de l'inaction : un des Kadjars, pour le détrôner, promit à la Russie la ville d'Erivan. Le Chah prit les armes (1804); il avait, trois ans auparavant, conclu une alliance offensive et défensive avec les Anglais, qui étaient inquiétés de leur côté sur leurs limites de l'Inde par les Afghans. Il fondait tout espoir sur l'appui britannique, mais l'Angleterre fit répondre à l'ambassadeur persan qu'elle ne voulait point s'exposer à un conflit avec le tsar. Alors le Chah fit appel à Napoléon. Ce dernier était à Varsovie. Il reçut, au commencement de 1807, l'envoyé de l'Iran qui lui fut présenté par le ministre de Turquie. Ce fut une audience dont les échos se répercutèrent dans toute l'Europe. L'empereur des Français voyait la possibilité de frapper un grand coup de concert avec la Perse en attaquant les Anglais dans leurs possessions asiatiques et en les ruinant sûrement, s'il pouvait s'emparer des Indes. Aussi y eut-il au château de Finkenstein un échange de signatures entre Napoléon et le plénipotentiaire persan. En exécution de ce contrat le général Gardanne, devait, avec une brillante escorte d'officiers, se rendre en Perse pour s'assurer des forces militaires que le Chah pourrait, le cas échéant, mettre en ligne.

A cette nouvelle, le cabinet de Londres chercha à réparer le mal qu'il avait commis. Sir John Malcolm reçut la mission d'aller rassurer le Chah sur les intentions britanniques. Cette manœuvre diplomatique échoua, l'envoyé anglais ne put pénétrer à Téhéran et le Chah refusa de le recevoir. L'Angleterre tâcha alors de se rallier le gouvernement de Caboul, mais l'émir ayant été détrôné, Sir Harford James abandonna les négociations de ce côté et les reprit avec la Perse. Il fut plus heureux que Sir John Malcolm, se fit bien accueillir par le Chah et put même supplanter le général Gardanne, dont il paralysa l'influence. En 1814 une convention sur les bases de l'amitié et de l'assistance réciproques fut arrêtée entre Londres et Téhéran.

Pendant ce temps la guerre avait continué entre la Russie et la Perse sans avantages marquants ni pour l'une ni pour l'autre. L'Angleterre, qui voulait les ménager toutes deux, leur offrit sa médiation. La Perse crut à ces bons offices, d'autant plus qu'elle espérait ainsi conserver la province riveraine de Talich au sud de l'Araxe. Le Chah signa le traité de Gulistan (1814) qui stipulait la cession de cette province au tsar, l'envoyé anglais ayant fait entendre qu'il ne s'agissait que d'une clause de pure forme. Mais le plénipotentiaire russe Kitecheff déclara que pour lui et son souverain l'engagement était sérieux et que la Russie s'en prévalait, sans vouloir y apporter aucune modification. L'Angleterre n'avait donc fait que le jeu des Russes et la Perse reconnut une fois de plus que les promesses britanniques valent les serments puniques.

Alors parut un homme qui pouvait changer les destinées de la Perse : Abbas-Mirza, second fils de Feth-Ali et désigné par ce dernier pour lui succéder, au détriment de son aîné Mohamed-Ali-Mirza. Elevé dans les idées européennes, très au fait de la civilisation moderne, Abbas-Mirza, qui gouvernait la province d'Aserbeïdjan, manifesta le désir d'y introduire des réformes qu'il étendrait plus tard à tout le royaume. La paix de Gulistan le mit en contact avec des officiers anglais et français. Grâce à eux il transforma complètement l'organisation militaire de la Perse en s'appuyant sur le principe stratégique du Chah Aga-Mohamed : « se tenir à distance des canons russes et hors de leur portée ; mais avoir une cavalerie qui ne laisse point de repos aux soldats du tsar. »

Pour aguerrir ses nouvelles troupes, il les mit à l'épreuve contre les Turcs, auxquels il lui fut facile, en 1821, de donner un prétexte d'hostilité, en alléguant que la frontière persane avait été violée par les Ottomans, les femmes perses maltraitées, les chiites perses insultés par les sunnites turcs. Il franchit la frontière, assiégea Bajazid et poussa jusqu'à Diarbekir qu'il livra au pillage. La Porte exerça aussitôt des représailles en saisissant et séquestrant toutes les propriétés des Perses en Turquie et en faisant emprisonner tous les marchands persans qui se trouvaient dans les États du Sultan. Le Chah désapprouva son fils en apparence, mais le soutint secrètement. La campagne se continua sans trêve. Abbas-Mirza livra aux Turcs une bataille à Choï où il les écrasa. Le choléra interrompit ce triomphe en faisant tant de victimes parmi les belligérants qu'ils se virent obligés, de part et d'autre, de suspendre les hostilités.

Le prestige d'Abbas-Mirza en fut notablement atteint, et tout son échafaudage de réformes croula du coup. La superstition orientale voyait dans l'épidémie comme un désaveu formulé par la volonté divine.

II

La Russie ne s'était pas reposée après la paix de Gulistan. Le général russe Yermoloff s'empara de Gokdcheh, qui, en vertu du traité, appartenait à la Perse, et les représentations soulevées à ce sujet par le Chah restèrent impuissantes. La mort d'Alexandre Ier donna quelque espoir aux Perses, qui crurent à l'inauguration d'un nouveau régime plus favorable à leurs intérêts ; mais lorsque le prince Menchikov, ambassadeur de Russie à Téhéran, déclara que Nicolas Ier ne ferait pas la rétrocession de Gokdcheh, on comprit qu'il n'y avait qu'un parti à prendre et on le prit. Feth-Ali-Chah leva de nouveau l'étendard de la guerre. Elle lui fut d'abord propice, grâce à l'insurrection des montagnards qui tombèrent sur les Russes et les repoussèrent, mais l'armée perse, sous les ordres d'Abbas-Mirza, se trouva accablée par le nombre. Le général Paskiewitch amena des renforts, les Russes prirent le couvent d'Etchmiadzin ; Abbas-Mirza ne put défendre Erivan. Le 7 octobre 1827, le siège de la place commença et le 18 elle capitula, se rendant à merci. C'était le signal du découragement général. Les forteresses arborèrent l'une après l'autre le drapeau blanc et plusieurs ouvrirent leurs portes aux vainqueurs en jonchant leurs pas de fleurs. Feth-Ali-Chah signa la paix de Tourkmantchaï (10 et 22 février 1828). Une ère de tranquillité suivit ce désastre ;

elle ne dura toutefois que quelques mois, un prêtre fanatique chiite ayant ameuté la foule contre l'ambassadeur russe Griboiédoff, qui fut massacré.

Abbas-Mirza, envoyé par son père à Saint-Pétersbourg, parvint à calmer la colère du tsar. La Perse paya une forte indemnité à la Russie, et les coupables au nombre de 1,500 furent cruellement châtiés.

Ne pouvant plus songer à se mesurer avec les Russes, le Chah tourna son activité guerrière d'un autre côté avec le dessein de reconquérir le Khorassan, séparé de la Perse depuis la mort de Nadir-Chah. Une vieille tradition disait que « le Khorassan est le glaive de la Perse ; qui le tient dans sa main est maître de l'Iran et de Téhéran ». Un autre proverbe persan assure que « Hérat est la perle du monde ». Hérat, la clef de l'Afghanistan, depuis longtemps convoitée par les Russes et les Anglais, avait alors pour souverain un prince dont la fille avait épousé Hassan-Ali-Mirza, le frère d'Abbas-Mirza. Ce dernier ne tint point compte de ces liens de parenté, et en 1833 alla mettre le siège devant la ville, avec son fils Mohamed-Mirza. Une épidémie qui sévit dans le camp des Perses mit fin à ces rêves. Abbas-Mirza en fut une des premières victimes, et sa mort plongea dans une telle désolation Feth-Ali-Chah que peu de jours après il succomba lui-même. La Russie et l'Angleterre intervinrent directement dans la nomination de son successeur, et le trône échut à Mohamed-Mirza, fils d'Abbas-Mirza.

Le nouveau souverain ne pouvait adopter qu'une seule politique : celle de la prudence, qui lui dictait de ne pas pencher plus du côté des Russes que du côté des Anglais, et de faire de chacun d'eux un des appuis de l'équilibre de son propre trône. Il essaya, en souvenir du rôle joué en Perse par le général Gardanne, de renouer des relations avec la France et y envoya Hussein-Pacha, qui sut gagner quelque crédit à la cour de Louis-Philippe. Des officiers français partirent pour Téhéran comme instructeurs de l'armée persane, avec le consentement de leur gouvernement, mais ils ne réussirent pas dans leur tâche : les Perses voulaient bien accepter les réformes militaires, mais ne pas les payer. Le 6 septembre 1858, Mohamed-Chah mourut.

***

Avec lui disparut le dernier espoir de reconstituer la Perse comme grande puissance en Asie. Le pays déclina de plus en plus. Les Russes laissent subsister son autonomie, mais son existence n'est plus qu'une simple convention diplomatique, qui provisoirement entre dans le programme du cabinet de Saint-Pétersbourg, en attendant que l'annexion définitive s'opère. Un seul obstacle se dresse devant la Russie : la nécessité pour l'Angleterre de barrer aux armées du tsar les chemins de l'Afghanistan, qui sont aussi ceux de l'Inde. Nous avons indiqué ailleurs que cette question afghane, qui a failli se décider par les armes en 1885 entre les deux colosses européens, se rouvrira inévitablement tôt ou tard. Alors la première mesure prise par la Russie sera de jeter une armée d'occupation en Perse et c'en sera fait de celle-ci.

Charles Simond.

ILKHANI DE BOUDJNOURD ET SA COUR

EN PERSE

I

Après avoir passé l'Atrek, torrent aux grandes eaux limpides, près de la forteresse de Ghiarmichan, nous arrivâmes en vue de Boudjnourd, résidence du Khan héréditaire, chef de la province du même nom, tributaire du Chah de Perse.

Boudjnourd, situé sur le 37° 29' 10" de latitude nord et sur le 27° 0' 15" de longitude orientale de Poulkova, est un vaste quadrilatère fortifié, avec citadelle et mosquée en ruine, s'élevant au centre du bourg sur une petite éminence. La ville elle-même, d'environ sept cent cinquante maisons, est bâtie au milieu d'un plateau de vingt-cinq verstes de longueur, sur quinze de largeur, bordé au sud par les pics élevés de l'Ala-Dagh. De Boudjnourd, on aperçoit sur ce plateau et sur le versant des montagnes douze villages, mais aucun vestige d'arbres, sauf ceux qui se trouvent hors des murs, dans les jardins du Khan, ornés de kiosques à coupoles élégantes, construits en l'honneur de Nasr-Eddin-Chah. lorsqu'il traversa Boudjnourd pour se rendre en pèlerinage à Méched.

Ayant envoyé un de mes Tcherkesses en avant pour prévenir les autorités de mon arrivée, je trouvai un accueil sympathique et un logement satisfaisant pour ma caravane chez l'agent diplomatique russe, Tatare musulman du Caucase, qui avait été prévenu de mon passage à Boudjnourd. Je constate avec étonnement que la résidence est construite très régulièrement, les rues et ruelles sont à angles droits, tirées au cordeau, partageant la ville en quartiers égaux. Après avoir laissé les mules et les chevaux dans la première et vaste cour qui précède la demeure de mon hôte, je suis introduit, en passant par deux autres cours, dans mes appartements. O luxe inattendu et quelque peu étrange pour la contrée! Sur toute la façade de la pièce que je vais occuper règne une rangée de fenêtres en forme de vitraux; ce doit être charmant en été, mais pour le moment il y fait un froid de loup, car aucun des châssis ne ferme hermétiquement; au fond de la pièce, une vaste cheminée dans une niche, d'un beau travail, en stuc.

Pendant qu'on nous prépare un repas, je suis enchanté de prendre un bain persan, avec massage complet, dans l'élégant *hammam* de la maison. Mon masseur, un gaillard bâti en Hercule, après m'avoir étendu sur les dalles de marbre du bain, se livre avec frénésie à son travail sur mon pauvre cadavre; je sens tous mes os craquer, et j'étouffe presque lorsque le malheureux, non content de me travailler de ses robustes mains, commence à y aller des pieds, accroupi sur mon dos qu'il laboure en tous sens; je me sens près de rendre l'âme. Mais, sorti de ses mains, je suis un nouvel homme : léger, débarrassé de la ménagerie qui avait élu domicile sur ma personne, chaudement emballé dans un khalat de fourrure, je suis dans d'excellentes dispositions pour faire honneur au copieux repas cuisiné à mon intention.

Je trouve la table dressée à la russe; divers flacons à col argenté me prouvent que les opérations vont être sérieuses. Une soupe aux choux forme l'entrée, flanquée de *pirachkis* (bouchées à la reine) qui couronnent un repas magistral; il s'établit tout de suite une cordiale amitié entre votre serviteur et son vis-à-vis, robuste buveur, qui avale de préférence un mélange de cassis et de vodka russe.

Si le repas est bon, les nouvelles sont désastreuses. Le Khan de Boudjnourd, pour lequel j'ai des lettres du gouverneur de Transcaspie, est en expédition avec ses cavaliers; les Yomoudes persans du Gourghen sont en mouvement; quelque cent mille moutons des bergers persans du gouvernement de Chakhroud avaient été enlevés par un alamane (razzia). La route est interceptée, impossible d'avancer plus loin.

Ayant formellement déclaré que je partirais le lendemain, au besoin seul, avec mon escorte tcherkesse et mes serviteurs pour Téhéran, puisqu'on m'empêchait de prendre la voie du Gourghen, on m'apporta le soir même des lettres officielles pour tous les chefs de village et les Khâns du gouvernement de Boudjnourd.

L'agent russe, qui, dans ses moments perdus, fait des affaires qui lui rapportent autant que sa charge, a pris soin de me procurer un tcharvodar (conducteur) avec des mules jusqu'à Chakhroud, qui est à sept « menzils », soit sept étapes; quand le moment est arrivé de donner les arrhes, ce coquin exige cinq tomans (1) par mulet, au lieu d'un toman, le prix usuel pour les marchandises. Je trouve la prétention un peu forte, ce qui m'engage à faire jeter le tcharvodar et ses mules à la porte, et j'envoie prévenir l'intendant du Khan que j'exige immédiatement des mulets; comme ma requête est accompagnée d'un geste menaçant, je vois bientôt arriver une caravane de misérables bêtes efflanquées; c'étaient, me dit-on, des mulets des écuries princières qu'on me cédait, vu mon rang, au prix de deux tomans par bête, jusqu'à Chakhroud.

— Comme je paye le double de ce que ça vaut, répondis-je à cet aimable discours, vous ne vous attendez pas, je pense, ô noble intendant, à ce que je vous remercie. Si vos bêtes crèvent en route, je les remplacerai à vos frais, et vous ne me ferez pas l'affront d'exiger de moi des arrhes, car il pourrait vous arriver que je gardasse les mulets jusqu'à Téhéran, où je demanderais au ministre si j'ai à vous payer quelque chose.

Cet argument très persan sembla plausible à mes auditeurs.

Si, à travers le Turkestan, j'ai eu bien des difficultés, j'y ai trouvé une certaine honnêteté et surtout une hospitalité toujours cordiale. En Perse, je devais faire l'expérience que tout se paye, même l'hospitalité, et que la meilleure monnaie, du haut en bas de l'échelle sociale, dans ce pays où pour chaque transaction commerciale il y a toujours eu un voleur et un volé, est encore la nagaïka russe; à bout de patience, j'ai souvent eu recours à ce moyen extrême, qui finissait toujours par décider les récalcitrants.

II

Nous prenons, à travers le plateau, la direction du sud vers les pics de l'Ala-Dagh, qui se dressent à l'horizon, couronnés d'un diadème éternellement blanc.

Au bout d'un akhatch et demi (2), nous arrivons à Firouzé, joli petit village fortifié, dans le fond d'un ravin animé par un ruisseau qui arrose le haut plateau de Boudjnourd. Le ciel gris, les rafales de neige qui nous obscurcissent la vue, rendent l'ascension pénible. Chébane, mon guide, interprète, déclare que deux mulets n'avancent plus, et demande à en réquisitionner d'autres.

(1) Le toman vaut environ 7 fr. 50.
(2) L'akhatch mesure environ neuf kilomètres.

dans ce village. Pendant que nous nous restaurons frugalement, abrités sous un rocher, il arrive, traînant à la remorque le chef du village, qui jure ne plus avoir un seul mulet disponible.

— Veux-tu m'en procurer de bon gré? lui dis-je; je te les paye d'avance; ou préfères-tu que mes gens aillent les chercher?

PERSANES

Alors, s'ils en trouvent, je te promets une maîtresse bastonnade.

Sur quoi le chef, voyant qu'il ne gagnerait rien à refuser, se décide à nous donner ce que nous désirons. Quatre akhatchts, soit trente-six kilomètres, nous restent à franchir pour gagner Hassor-Kala.

— Par un temps comme celui-ci, me dit mon guide, il ne fait pas bon dans la montagne; restons ici, peut-être demain le temps se rassérénera.

Connaissant par expérience l'effet démoralisant des arrêts en route, je donne l'ordre d'avancer.

Un chasse-neige, qui, dans les gorges, nous enlève presque de

PERSANS

nos selles, nous contraint à soutenir nos mules dans les endroits dangereux, afin qu'elles ne soient pas jetées dans les précipices. Nous sommes aveuglés et transis par la neige, qui se glisse par toutes les ouvertures des vêtements. Les tourbillons sont si épais que parfois c'est à peine si l'on distingue le cavalier qui vous précède. N'étaient les cris poussés, les jurements de l'escorte pour faire avancer les mules, on perdrait la file. Parfois à pied, brassant la neige jusqu'aux genoux et traînant les chevaux par la bride, nous avançons péniblement, la sueur au front; puis, à peine remis en selle, nous sommes glacés par l'horrible ouragan qui mugit autour de nous.

Peu à peu, je vois la lassitude gagner mes compagnons; durant les arrêts, les chevaux, la croupe tournée au vent, immobiles, semblent pour la première fois à bout de forces. Les Kourdes, étendus sur la neige, se réfugient dans leur fatalisme oriental : ils ne se plaignent guère, mais ils ne paraissent plus de force à réagir contre les éléments. Notre serdar Ali-Mohammed-Ogli propose de gagner un abri qu'il connaît; il s'agit d'une caverne où, le cas échéant, nous pourrions attendre le lendemain. Je vois que c'est là le seul parti à prendre : mais quels efforts pour arriver au but!

Exténués, nous l'atteignons enfin. Cet abri est un amoncellement de rochers, précédant une grotte, dans l'intérieur de laquelle on ne peut arriver qu'en se traînant sur les genoux. En dépit de notre extrême fatigue, décharger les mules et couvrir les chevaux de nos feutres est le premier soin. Puis je rassemble les gens pour aviser; coûte que coûte, il faut atteindre Hassor-Kala. On décide que Chebane et le serdar Ali-Mohammed tâcheront d'arriver jusque là, montés sur nos meilleurs chevaux, et qu'ils ramèneront du bois et du fourrage. La nuit se passe en angoisses.

Cependant voici que Karakoul, mon grand lévrier turcoman, qui était roulé dans ma pelisse, redresse sa tête intelligente; je l'entends pousser un grognement sourd, première lueur d'espoir; je me relève aussitôt, je fais quelques pas, accompagné du chien, et je tire un coup de revolver. Serrés les uns contre les autres, nous attendons avec anxiété le résultat de ce signal.

Nous sommes sauvés, la délivrance est là : si nous ne voyons pas encore nos libérateurs, nous les entendons. Chébane et le serdar, accompagnés d'un détachement de Kourdes, font leur entrée, couverts de neige. Oh! les braves gens! ils n'ont pas perdu de temps, connaissant notre détresse.

Conduits par Mehoub-Ali-Aga, le mollah de Hassor, ils viennent à notre secours. Bientôt un feu est allumé, et le samovar fait entendre sa musique, chère au voyageur. Les chevaux nourris, les hommes ravitaillés et réchauffés, nous quittons le repaire qui nous a abrités pour opérer notre descente. Les mules nous suivront lorsque le jour poindra.

La tempête s'est apaisée. Le lendemain matin, le soleil anime de ses chauds rayons le tableau grandiose qui nous entoure. La forteresse de Hassor est bâtie sur le versant sud d'une paroi de rochers; ses murailles carrées en terre glaise, superposées les unes aux autres, ressemblent à un gigantesque escalier; au sommet s'élève la citadelle proprement dite, couronnée de tours coniques. De l'autre côté du ravin s'étale l'immense masse de ces rochers auxquels les Kourdes donnent le nom de Kouhou-Salik, et dont la cime principale doit avoir pour le moins dix mille pieds de hauteur. La neige n'y fond jamais entièrement.

Tout le village s'est assemblé; on me dit que je suis le premier Européen qui se soit égaré dans ces parages; on a bien, à la vérité, entendu parler de Napier, le voyageur anglais, mais il a choisi un autre chemin.

La simple et cordiale hospitalité se manifeste pour nous sous la forme de quartiers de venaison. Ici le gibier abonde, et beaucoup de familles ne vivent que du produit de la chasse.

Après avoir distribué des cadeaux à nos libérateurs de la veille et pris congé de ces braves gens, nous nous engageons dans une large vallée qui nous mène vers un autre défilé de l'Ala-Dagh, que nous avons à franchir, pour redescendre dans une autre vallée. Nous nous acheminons vers la plaine du Khorassan.

III

Nous entrons dans le dernier défilé de l'Ala-Dagh, en laissant à notre droite le massif de montagnes du Bahar couvert d'excellents pâturages; les bergers de la plaine viennent y faire paître leurs troupeaux qui, toute l'année, y trouvent de l'eau. Dans ce dernier défilé, nous passons devant une mosquée dans laquelle on vénère le tombeau d'Imam-Ismaïl; c'est un lieu de pèlerinage. Nous avons à gauche le grand kichlak (village) de Darbend; à droite, Kourf, appuyé au Bahar. Partout les mêmes amoncellements de pierres rappellent les engagements des Kourdes avec les Turcomans revenant chargés de butin de leurs alamanes dans le Khorassan.

Sous les murs de Sankhaz, où nous faisons une halte, on nous raconte le dernier alamane des Yomoudés, qui ont emmené plus de cent mille moutons et obligé les pâtres persans à pousser devant eux les troupeaux qu'ils enlevaient.

La population de Sankhaz et des villages environnants est formée par un mélange de Kourdes et de Tadjiks; ces derniers se donnent eux-mêmes le nom de « Tata » et prétendent venir du Touran.

C'est ici qu'aboutissent les chemins du plateau d'Isferaïn et l'ancienne route de la Caspienne, longeant la vallée du Gourghen.

A mesure que nous nous approchons de la plaine du Khorassan nous voyons apparaître des canaux d'irrigation arrosant les champs qui produisent d'abondantes récoltes de froment. Si les villageois des gorges élevées ne cultivent guère que de l'orge et du froment, le sol est fertile, et les mauvaises années sont presque inconnues; les pluies de l'automne et du printemps permettent d'ensemencer la terre deux fois par an, et quoique le Khorassan ait exporté ces dernières années beaucoup de froment en Transcaspie, le prix en est très bas : le poud, lors de mon passage, n'y revenait qu'à un kran. Grâce aux riches pâturages du versant méridional de l'Ala-Dagh, un grand avenir est réservé à l'élève du bétail, et principalement à celui des brebis, qui agnèlent ici deux fois par an. — Malgré ces conditions favorables à l'agriculture, la population du Khorassan est clairsemée; on ne compte guère plus de 40,000 habitations dans toute la province de Boudjnourd, mais elle tend à augmenter depuis que les alamanes turcomans ont cessé.

Quel bonheur de chevaucher, débarrassés de nos lourdes pelisses, sous un ciel sans nuages, éclairés par un gai soleil! Les misères passées nous font jeter un regard en arrière sur le massif de géants que nous venons d'affronter, reconnaissants envers la Providence qui nous a permis d'arriver dans ces plaines, vrai paradis pour nous. Les privations, les fatigues et les angoisses nous ont amaigris, nos visages sont hâves et nos montures efflanquées.

IV

Au sortir d'une plaine pierreuse paraît Djourbad, entouré de jardins et de verdure; c'est le premier bourg persan de la province du Khorassan. Lorsque nous y arrivons, les femmes, curieuses, occupent les toits, tandis que les hommes, la barbe rouge teinte au henné, s'inclinent à notre passage.

Établi sur le toit plat de la maison du chef du village, je jouis du coup d'œil, nouveau pour moi, que m'offre cette première étape dans l'Iran. Dans l'enclos ombragé qui s'étend à mes pieds mes chevaux attachés à leurs piquets dévorent l'excellent fourrage qu'on leur a distribué; mes gens, étendus au soleil, racontent aux indigènes nos aventures, tout en surveillant les marmites qui cuisent sur le feu.

Les femmes persanes, peu voilées, habillées de longues chemises de cotonnade foncée passées par-dessus leurs pantalons serrés au cou-de-pied, viennent puiser de l'eau dans le ruisseau, soutenant leurs amphores de la main droite sur l'épaule gauche; leur démarche est aisée, leurs sourcils peints et arqués leur donnent un aspect original; le bras est bien fait, les attaches fines, le teint bronzé; aux poignets, de gros bracelets d'argent, des médailles tressées dans les cheveux. Le fond de ce tableau riant est formé par les montagnes grandioses de l'Ala-Dagh.

Sur une plate-forme ombragée, en plein air, s'est établi un bar bier rasant à tour de rôle les têtes de ses clients. Le Persan ne porte pas de cheveux sur le sommet de la tête; de la tempe sur les deux côtés, il les laisse croître en forme de croissant. Les cheveux sont coupés à hauteur de l'oreille; le bas de la chevelure

AU HAMMAM

retombe sous le bonnet rond en feutre du pauvre, ou sous le bonnet noir en astrakan du riche.

Voici six akhatchs (neuf kilomètres) franchis; devant nous s'étend une plaine rocailleuse imprégnée de sel, couverte de maigres herbages et de quelques chétifs exemplaires de mimosa et de salsola; à notre gauche, les contreforts du dédale de montagnes que nous venons de traverser: dans le lointain, apparaissent les montagnes au pied desquelles passe la grand'route des caravanes, allant de Téhéran à Méched. Aujourd'hui, cette route est sillonnée de nombreuses caravanes qui s'en vont presque sans escorte. Autrefois deux caravanes seulement par mois la parcouraient accompagnées d'une batterie et d'un bataillon de Sarbazes, les attaques turcomanes entre Chakhroud et Méched étant très fréquentes.

Mon tcharvodar, un homme sans préjugés, raconte que les clairons persans étaient envoyés en avant sur les mamelons, afin que leur fanfare effrayât les bandits; si, par malheur, les Turcomans ne se laissaient pas intimider par cette mesure martiale, les braves défenseurs de la caravane, à la simple vue d'un cavalier turcoman, jetaient leurs armes et se couchaient à plat ventre sur le sable, attendant stoïquement leur destin.

Un peu avant le coucher du soleil, nous atteignons Djadjerm, l'une des plus anciennes cités du Khorassan, et forteresse-frontière du Khan de Boudjnourd. Des champs de coton l'entourent à perte de vue, et le coton de Djadjerm passe pour être un des meilleurs en Perse.

De nombreux canaux sillonnent les terres cultivées. Comme dans l'Akhal, ces canaux, dans leur partie supérieure, sont cachés sous terre et coulent dans des tunnels pour n'arriver à ciel ouvert qu'au niveau de la plaine; ces travaux souterrains datent d'un temps très reculé; d'espace en espace, de profonds entonnoirs creusés dans le sol permettent de nettoyer les conduites maçonnées.

Djadjerm est un misérable bourg, ayant tout au plus cinq cents chétives masures, au centre desquelles se dresse un monticule passablement élevé, couronné par la ruine d'un fort en terre glaise à murs crénelés, bâti, à ce qu'on dit, par Allah-Verdi-Khan.

Il a plu toute la nuit; la terre glaise est en bouillie; inutile de songer à faire une étape aujourd'hui. Encore un jour d'arrêt employé à sécher notre garde-robe. — Lever désagréable; j'ai tout le côté gauche du corps endolori et un abominable rhumatisme dans les jointures. Néanmoins, je sors pour voir les ruines de Djadjerm, qui occupent un espace d'au moins cinq verstes; alentour, à l'ouest, se trouve le cimetière guèbre, dans lequel je fais ouvrir une tombe, opération dont le résultat n'a pas été sans intérêt. Au sud, dans les champs, s'élève le tombeau de Ma-Asiar, serviteur d'Imam-Risa, enterré à Méched; c'est un mausolée superbe, construit en briques émaillées azur et turquoise, avec des inscriptions en relief d'une grande élégance.

Au dire du mollah qui me conduit, Djadjerm aurait été le lieu de villégiature des empereurs du Khorassan. Leur ancienne capitale était Belkhis, aujourd'hui complètement abandonné, et dont les ruines, au sortir du défilé de Derbend, couvrent, me dit-il, une plus grande étendue que celles de Djadjerm.

En rentrant de notre excursion, nous voyons cette ancienne et splendide capitale éclairée au coucher du soleil par une lumière si intense que les montagnes du fond prennent une teinte bleu azur d'un effet surprenant.

Partis le lendemain avant l'aube, nous avons fait quelques akhatchs, soit plus de quatre-vingts kilomètres, par un pays triste, un vrai désert : fastidieuses et bien longues chevauchées dans la plaine monotone; en montagne, les distractions sont moins rares. Pour abréger la route, je fais causer le serdar kourde, qui ne demande pas mieux. Sur une petite proéminence du sol, nous rencontrons un de ces cimetières traditionnels de pierres amoncelées.

— C'est ici, me dit Mohammed-Ogli, que nous avons surpris, sous le commandement de notre Khan, — qu'Allah protège! — cent vingt Turcomans qui remontaient de la plaine au point du jour, chargés de butin. Pas un n'a échappé; mais aussi beaucoup des nôtres périrent dans cette rencontre; leurs cadavres sont restés sur le champ de bataille; tenez, me dit-il en me montrant une blessure, vraie balafre, regardez ce que cette affaire-là m'a valu.

Nous atteignons Riabad, un grand donjon carré très ancien, avec de belles mosaïques en briques de diverses couleurs, flanqué de quatre tourelles aux angles; c'est une ancienne cité abandonnée, que quelques pâtres habitent seuls aujourd'hui. Nous voici parvenus aux confins des expéditions des Turcomans Tékés.

Nous couchons à Riabad, puis à Makhs. Nous marchons par fortes étapes à travers le désert, bordé, sur notre droite, par les hautes montagnes du Khorassan. Nous ne rencontrons que des escouades de bergers et de propriétaires de troupeaux persans armés de leurs fusils à fourche ou de longs bâtons, qui se rendent à Boudjnourd, dans l'espoir d'obtenir la restitution de leurs troupeaux enlevés.

D'assez mauvaise humeur, nous arrivons à un défilé du haut duquel nous jouissons d'une vue admirable sur le plateau de Bastam. A nos pieds sont des villages entourés de cultures et ombragés d'arbres. A l'arrière-plan, se détachent, sombres sous le ciel sans nuages, les montagnes colossales au milieu desquelles se dressent le Chah-Kou, haut de 13,000 pieds, et le Chahvaz. C'est aux abords du premier que sont les meilleures chasses du pays. Sur le versant de la mer Caspienne, de magnifiques forêts de chênes et de sapins abritent les représentants de la faune iranienne. Toute cette contrée est semée de lieux de villégiature pour les habitants d'Astrabad, qui ne savent assez vanter les sites pittoresques et les beautés du Chah-Kou, au sommet duquel se trouve un petit lac alimenté par des neiges éternelles.

Après avoir dépassé le grand et pittoresque village de Houssein-Abad, nous approchons de l'antique Bastam, résidence du gouverneur de la province de Chakhroud. Ce dernier, prévenu de mon arrivée, a envoyé à ma rencontre un détachement de cavalerie. A

OFFICIER PERSAN

la tête de ces hommes marche un des aides de camp de Mohammed-Khan, qui, au nom de son chef, me souhaite la bienvenue en un déluge de phrases, suivies de l'offre d'un cheval à harnachement brodé d'or, conduit à la main par un palefrenier.

Suffisamment renseigné sur les us et coutumes persans, je rends politesse pour politesse en refusant l'offre du cheval, qui exigerait en retour un cadeau d'une valeur au moins double.

Après avoir franchi une plaine rocailleuse, un brusque contour de la route nous amène en vue de Chakhroud, adossé à la mon-

CHAKHROUD

tagne. Nous mettons pied à terre hors des murs devant une porte basse. C'est là ma résidence : une masure en ruine, entourée d'un jardin somptueux, aujourd'hui dans une décadence digne de l'incurie persane. L'aspect des chambres est tellement sordide que je songe à faire dresser mes tentes. Heureusement, l'arrivée du *starchi* (ancien), chef de la colonie arménienne russe de Chakhroud, met fin à ma mauvaise humeur. Habitué aux réceptions persanes, il a amené avec lui des serviteurs armés de balais et chargés de tapis, avec tout ce qu'il faut pour transformer en une habitation tolérable un hangar dans lequel, en Europe, on ne logerait que le bétail.

Je laisse à mes gens le soin de l'installation, et je suis cet excellent homme dans son caravansérai, où je trouve réunie toute la colonie chrétienne, composée d'une quinzaine d'Arméniens du Caucase, sujets russes qui ont entre leurs mains le marché d'exportation et d'importation de ce centre commercial.

Une tournée au bazar me valut la découverte d'une collection de vieilles armes persanes dont quelques belles pièces me furent acquises à des prix exceptionnellement bas par mes amis les Arméniens.

J'eus l'honneur, le lendemain, de recevoir dans mes appartements, tant bien que mal mis en état pour la circonstance, la visite de Mohammed-Khan, gouverneur de Chakhroud. Son arrivée m'avait été annoncée par une escouade de serviteurs portant vingt plats de dessert et de friandises destinés, comme il me le dit fort gracieusement, à adoucir les souvenirs des vicissitudes du voyage.

Très mielleux, très loquace, il s'inquiéta avant tout de l'objet de ma mission, et parut infiniment plus à l'aise lorsque je lui appris que, bien contre mon gré, ma route me conduisait à Téhéran, où je tenais à me présenter à S. M. le Chah, puisque j'avais abordé la Perse.

Une visite semblable, à laquelle assistent toujours un grand nombre de courtisans, ne se passe pas sans échange de civilités et sans une consommation extraordinaire de thé et de café : à chaque instant on apporte le kaliane ou narguilé (pipe à eau). Chaque haut fonctionnaire est accompagné dans ses courses par son *kalianetchy* (domestique attaché à cet office), qui présente la pipe à son hôte, mais son embarras serait grand si celui-ci l'acceptait. D'abord cette offre gracieuse n'est qu'une politesse : et surtout le propriétaire du kaliane ne pourrait plus s'en servir s'il avait touché les lèvres d'un chrétien. J'ai souvent été exaspéré de cette blessante superstition des Chiites, qui regardent chaque objet touché par un chrétien comme souillé. Cela va même si loin que, dans les bazars, les vrais croyants refusent de montrer leur marchandise à un Européen, de crainte qu'il ne la souille au toucher. Il faut sept eaux pour purifier un objet du contact de l'infidèle.

Dans le courant de l'après-midi, je rendis sa visite au gouververneur, qui me reçut dans son habitation de Bastam. J'avais répondu à ses vingt assiettes de bonbons par vingt bouteilles de ma limonade gazeuse au cognac qu'il reçut sous le titre de « Cherbet ».

Pour clore cette journée fatigante, visite au célèbre minaret branlant de Bastam. C'est une merveille. Représentez-vous une tour en tout semblable à nos grandes cheminées de fabrique. Quarante-deux marches conduisent au sommet. Durant l'ascension on sent parfaitement les oscillations, qui sont si fortes qu'elles font tomber dans l'espace de grosses pierres posées sur le rebord du parapet.

De l'ancienne splendeur de cette antique cité il ne reste qu'une tour en maçonnerie à côtes de melon, avec de belles inscriptions koufiques au faîte, et une mosquée, moins ancienne, flanquée de tours coniques, à toit pyramidal, décorées de riches émaux. Peu s'en fallut, ce jour-là, que je n'eusse les reins cassés en m'enfonçant avec mon grand cheval turcoman dans un vieux mausolée. J'en fus quitte pour une douleur à l'épaule sur laquelle je tombai, douleur qui ne me quitta plus.

A partir de là, nouvelle escorte : un officier de Cosaques persans et quatre cavaliers. Comme vous voyez, Mohammed-Khan avait bien fait les choses.

Pour atteindre Téhéran, il nous reste à fournir quelques jours de marche. Si je faisais le voyage avec mes chevaux, en laissant les bagages en arrière, je pourrais y être le troisième jour; en prenant des chevaux de poste, comme nous en rencontrons partout, il me serait possible de faire quatre menzils en vingt-quatre heures. Hélas! les forces qui m'ont soutenu jusqu'ici commencent à me manquer. C'est tout au plus si j'arrive à faire les soixante à quatre-vingts kilomètres par jour qui représentent le menzil des caravanes. Autant le voyage est intéressant lorsqu'une santé robuste permet de supporter toutes les privations, autant la lutte continuelle contre le pillage, le manque complet de confort, et surtout la mauvaise qualité de la nourriture, finissent par irriter et aigrir celui qui souffre.

J'essayai du *taktiravane*, espèce de palanquin porté par deux mulets. Mais l'air étouffé que l'on respire dans cette boîte fermée de tous côtés ne fit qu'augmenter mon malaise. J'aime autant le *kedjaveh*, corbeilles assujetties de chaque côté des mulets, et qui sont surtout à l'usage des femmes. Enfin, après tous ces essais infructueux pour me soulager, je finis par revenir à mes chevaux.

V.

Je n'ai pas besoin de vous peindre notre joie quand, après vingt-cinq jours de route pénible, nous découvrons enfin, du sommet des collines, la capitale de la Perse. Chacun s'était mis en frais; on s'était lavé au dernier menzil : les chevaux faisaient plaisir à voir, reluisant au soleil sous leurs brillants harnachements de gala. Les mulets eux-mêmes avaient pris un air de fête, et le tintement de leurs clochettes me semblait plus gai que de coutume. Là-bas, cette grande plaque noire au pied des montagnes tranchant sur la couleur uniforme du désert qui l'entoure, représentait pour tous le repos, le confort, la civilisation. Moi-même, en particulier, j'étais sûr de trouver là des nouvelles de la patrie, de ma famille, dont je n'avais reçu depuis sept mois qu'une seule et unique dépêche télégraphique.

C'est donc là ce Téhéran, dont les récits et les descriptions ont exalté notre imagination et soutenu notre courage! A mesure que nous avançons, la route s'anime: Ici des soldats rejoignant leurs régiments poussent devant eux leurs mulets chargés de fusils. Là ce sont des convois de vivres destinés à l'alimentation de la grande ville. Plus loin, des fonctionnaires, accompagnés de leur suite nombreuse de femmes, escortées d'eunuques, et juchées sur des chevaux qu'elles montent à califourchon.

A notre costume et au harnachement de nos montures; on nous prend pour une députation turcomane. A mesure que nous avançons, nous distinguons, au milieu des jardins qui l'entourent, le palais de Khassyr-Kadjar, bâti sur une hauteur, avec ses kiosques et ses pièces d'eau; Ekhred-Abad et Saltanat-Abad, — autant de résidences de plaisance du Chah; dans le fond de la plaine, Ioukhan-Tépé, avec sa ménagerie et son palais d'été, fait plutôt l'effet d'une forteresse nichée sur une colline et dominant un immense parc.

La porte Doulab, une des douze entrées de la ville, est monumentale. C'est tout un fouillis de tourelles, de niches et de frontons décorés de briques émaillées; l'accès en étant interdit aux caravanes, nous sommes obligés de longer les fossés qui entourent la ville, et au-delà desquels s'élèvent des murailles en terre, assez mal entretenues. Nous faisons notre entrée par la porte de Chymrane.

Dans les rues, pleines de mouvement, c'est un bruit assourdissant et l'on n'avance qu'avec peine : à chaque instant, c'est un temps d'arrêt, pendant lequel la foule des badauds s'attroupe autour de nous. Ici, c'est un des mulets qui s'abat; là, un personnage qui vient s'enquérir de nos noms et qualités.

Enfin nous arrivons à la place Meïdane-Topkhané. C'est le centre de la ville. Elle est entourée de casernes aux couleurs voyantes; c'est là qu'aboutissent les artères les plus fréquentées. Quatre canons gigantesques, sur leurs hauts affûts, montent la garde aux quatre coins d'une vaste pièce d'eau; ils datent du siècle passé et sont pour le moment recouverts de toiles destinées sans doute à les garantir de la poussière.

On ne voit partout que des soldats, mais d'une espèce bien différente de ceux que je suis habitué à rencontrer. La police des rues est faite par des gaillards bronzés, à l'allure martiale, portant l'uniforme à collet rabattu de l'infanterie italienne, et, sous les arcades de la place, j'aperçois des hussards au dolman rouge avec des brandebourgs jaunes. Ai-je la berlue? me demandai-je tout à coup, en voyant déboucher un groupe coiffé du casque prussien surmonté du lion et du soleil de Perse, complétant un vrai chef-d'œuvre d'uniforme quadrillé blanc et noir, à boutons d'or. Ajoutez à cela l'uniforme de cavalerie de la garde, très réussi du reste,

PERSAN

analogue à celui des Cosaques du Kouban ; représentez-vous enfin des copies de généraux autrichiens et de maréchaux de France traversant cette foule multicolore, les uns à cheval, les autres en voitures conduites par des nègres, et vous aurez une idée de mon ahurissement. Je crus d'abord à un bal masqué.

Nourrouz, la fête de l'année solaire, approchait. C'est le seul vestige qui reste encore des fêtes païennes. De tous côtés affluent les grands du royaume, qui ne manquent jamais cette occasion de venir déposer aux pieds du trône leurs hommages, accompagnés de nombreux présents : de même que chez nous, chacun, suivant sa position, donne et reçoit des étrennes, consistant pour les pauvres en friandises, pour les riches en khalats. C'est l'époque de l'année où la capitale brille de tout son éclat. On ne voit que carosses et escouades de hauts fonctionnaires s'entre-croisant pour faire échange de visites. D'autre part, la gent mendiante des derviches accourt des quatre coins du royaume : poussant leur cri de *Iahakh* (Vérité divine), ils sollicitent du passant une aumône obligatoire, qui leur est rarement refusée.

Le moment du passage de l'ancienne à la nouvelle année donne lieu en particulier à un grand *salam* (audience publique) de la cour qui réunit tous ceux qui ont accès auprès de Sa Majesté. Cette cérémonie a lieu dans un des kiosques du palais de l'Arc. La réception commence dès que le canon annonce le passage d'une année à l'autre : les félicitations viennent d'abord, les cadeaux ensuite. — Le lendemain a lieu le salam diplomatique, puis un grand salam public, où figurent les éléphants traditionnels. Ce dernier salam se tient dans le Talar, un grand bâtiment dont l'une des façades, fermée par un rideau, donne sur une cour dans laquelle l'armée et le peuple sont rassemblés. Quand le rideau est tiré, on aperçoit le Chah-in-Chah, couvert de bijoux et entouré de toute sa maison, assis sur le célèbre trône de Chah-Abbas, en or massif, admirablement ciselé et littéralement couvert de pierres précieuses; les sujets prosternés écoutent l'allocution de Sa Majesté.

Retenu par la maladie, je ne pus assister à ces intéressantes fêtes : je le regrettai d'autant plus que Sa Majesté désirait que je lui fusse présenté le jour du salam diplomatique.

VI

Quelques mots d'abord de la colonie européenne, pour vous donner un aperçu général de la vie à Téhéran. Ce ne sera qu'un coup d'œil en passant, mais qui mériterait un volume à part, tant il y a de matière pour une étude de mœurs.

La colonie se composait alors d'environ deux cent cinquante Européens, divisés en deux camps bien distincts : la coterie russe et le clan anglais.

Le clan russe, uni, compact, comptait, losqu'il était rassemblé dans les salons de l'ambassade, au moins soixante têtes. La légation, richement dotée, comprenait un personnel très-nombreux, auquel venait s'ajouter le corps des instructeurs avec leurs familles.

La colonie anglaise était plus forte en nombre, grâce aux nombreux employés du télégraphe, qui avaient leur administration à part et très complète. L'hôtel de l'ambassade est sans contredit, le plus beau de Téhéran; autour de l'édifice principal, construit dans un vaste jardin, viennent se grouper une série de pavillons;

habités par les membres de la légation. Quoique parfois j'aie rencontré quelques-uns de ces derniers dans les salons de Téhéran, je n'ai pas été présenté à leur chef : cependant je me suis trouvé, dans des dîners diplomatiques, assis à la même table que lui.

Afin de contre-balancer l'influence de ces deux puissances souvent rivales, le gouvernement du Chah avait réussi à attirer à Téhéran les représentants d'autres États. Il y avait à cette époque en Perse une légation de France, un représentant de S. M. l'Empereur d'Autriche, une légation des États-Unis et un représentant de la Sublime Porte.

Grâce à la présence d'une jolie et gracieuse ambassadrice, l'hôtel de la légation d'Autriche était devenu la maison la plus hospitalière de Téhéran. C'est encore au talent de cette aimable maîtresse de maison que l'on devait de voir se coudoyer là les opinions les plus variées et se mêler les courants les plus divergents.

Dés les premiers jours, la colonie m'apparut comme un petit paradis. J'ai bien regretté depuis de ne pas avoir emporté la même impression : un séjour plus prolongé m'a prouvé que ce petit monde était en proie à des rivalités qui, d'un moment à l'autre, transforment d'intimes amis en ennemis acharnés. Comme Téhéran n'a ni un théâtre, ni une cour donnant le ton, ni une vie susceptible de défrayer les heures d'ennui, on en arrive par une pente rapide à des commérages de tout genre auxquels on initie même l'étranger.

Bien rares sont les philosophes qui savent vivre en dehors de cette atmosphère désagréable. Le reste de la colonie en souffre, et les postes de Téhéran ne sont guère recherchés. Les occasions de se distinguer y faisant défaut, c'est une sorte de Kamtchatka diplomatique oublié, où l'on ne court le risque d'aucun avancement. N'allez pas croire pour cela qu'on y engendre la mélancolie; on s'y amuse au contraire énormément. C'est une succession de fêtes et de festins, et l'âpre saveur d'un ami assaisonné à la sauce piquante, ou d'une réputation chrétiennement démolie, contribue à charmer les loisirs de ce petit monde, dont le climat énervant de Téhéran prédispose le système nerveux à ces jouissances intimes..

Les fonctionnaires européens et persans ont peu de rapports sociaux entre eux; si parfois on aperçoit dans les salons européens un rare spécimen de ces derniers, il faut tenir pour certain qu'il a habité l'Europe.

A la cour, pas de dîners, ni de réceptions officielles en dehors des salams. On parle encore aujourd'hui, dans la colonie, des repas qui eurent lieu au Palais quand le voyage d'Europe fut décidé. Ils avaient pour but d'apprendre aux fonctionnaires l'usage de la fourchette et du couteau, avantageusement remplacée en Orient par les cinq doigts de la main. Ces repas, où chaque semaine un Persan venait s'asseoir entre deux Européens chargés de le former à cet égard, ont laissé des souvenirs fort drolatiques : figurez-vous, par exemple, un vieux ministre armé d'une fourchette, pourchassant sur son assiette un morceau rebelle à ses efforts et finissant, à bout de patience, par le saisir de ses

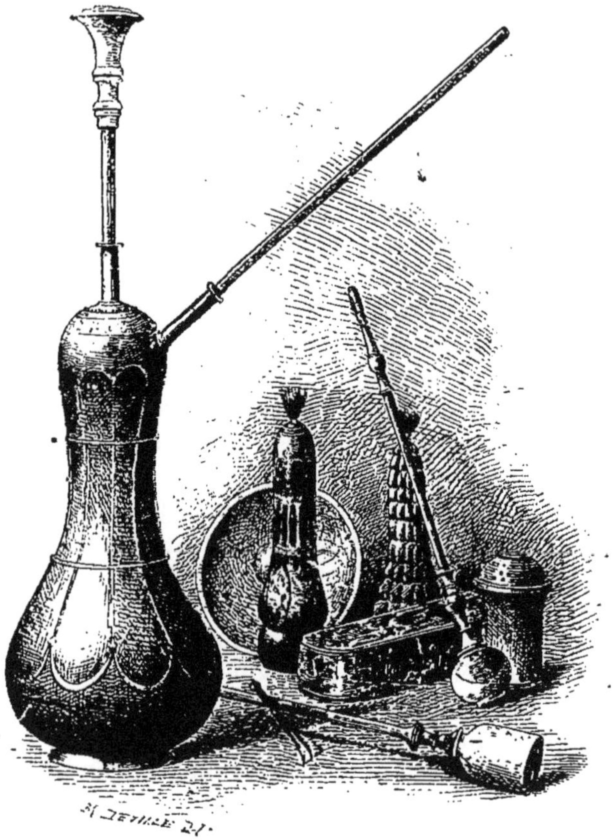

KALIANE ET PIPE A HACHICH

doigts pour le planter ensuite victorieusement sur cet instrument !

Les détails du service n'étaient pas moins amusants; dans un coin de la salle à manger, on taillait à même dans une immense pièce de calicot blanc les serviettes nécessaires, au fur et à mesure des besoins, pendant que les domestiques se servaient du pan de leur habit ou d'un mouchoir de poche pour essuyer les assiettes, sur lesquels ils crachaient préalablement.

Ces petits incidents, au dire des habitués, récréaient « royalement » Sa Majesté, cachée derrière un paravent pour jouir du spectacle. La présence du Chah, ignorée jusque-là, fut un beau jour dévoilée par la maladresse d'une des femmes de l'endéroun qui, par un faux mouvement, fit tomber l'abri dans la salle du festin et dévoila aux élèves gastronomes l'illustre galerie qui s'amusait à leurs dépens.

Je viens de parler de l'endéroun : mes lectrices ou lecteurs

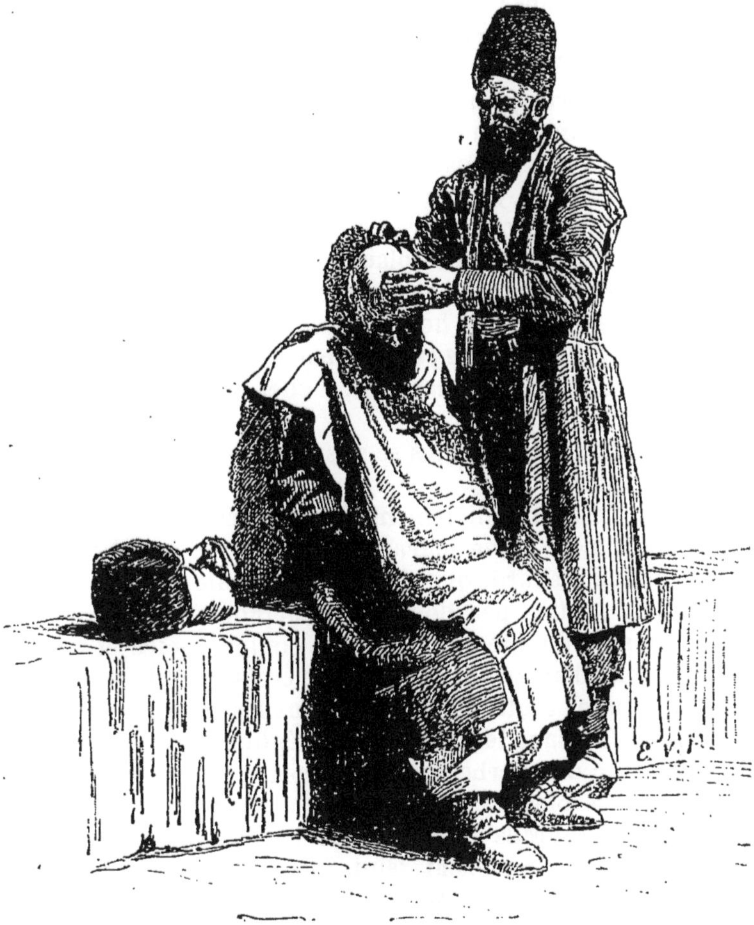

BARBIER PERSAN

peuvent me reprocher de ne guère parler des femmes dans mes récits. Cela est vrai; mais comment parler d'une chose qu'on ne voit ni ne connaît? Le sérail au Turkestan, l'endéroun en Perse, sont si hermétiquement clos, qu'il est absolument impossible d'y avoir accès : il n'en est même jamais question; ce serait à la fois une atteinte à la politesse et une atteinte plus grave encore à la religion.

La femme n'a aucune part à la vie publique. Si vous la rencontrez dans les rues, elle est affublée de telle façon que vous ne sauriez même préjuger son âge; elle est couverte d'un sac au Turkestan, avec un voile en crin noir sur la figure, et, dès que vous la regardez, elle cherche un abri dans une maison dont la porte est entre-baillée, ou se sauve dans une ruelle. En Perse, elle passe à cheval ou en voiture, entourée d'eunuques, et les convenances exigent impérieusement que vous détourniez la tête.

Au Turkestan, dans l'intérieur, la femme porte de larges pantalons en soie très-fins, serrés à la cheville, une chemise en mousseline largement échancrée sur la gorge, et le tchapane court à manches très-courtes, En Turcomanie, elle est vêtue d'une longue chemise en cotonnade ou en soie, couverte de nombreux bijoux.

En Perse c'est autre chose; la mode y joue un plus grand rôle. Sont-ce les souvenirs chorégraphiques rapportés d'Europe, et si chers aux Orientaux, qui ont raccourci les jupons des dames? On le dit, et cela me paraît assez plausible. Il est de fait qu'aujourd'hui le *high life* féminin, en Perse, porte le costume des danseuses : jupon court, tenu presque horizontalement par une foule de petits jupons superposés. Comme ce n'est pas à la taille que ces jupons sont attachés, mais aux hanches, l'effet n'est pas précisément gracieux.

Les occupations des femmes se résument en deux mots : la toilette et les visites.

La toilette est singulièrement compliquée par les bains, qui prennent la moitié d'une journée. C'est là que les cheveux sont teints au henné d'abord, qui s'applique en pâte sur la tête, puis au « renghé » ; cette opération, qui demande plusieurs heures, a non seulement le don de produire une couleur noire et brillante, mais aussi celui d'aider puissamment la croissance de la chevelure. Blonde ou brune, toute Persane se teint les cheveux en noir de jais; ce n'est que dans le deuil qu'elle néglige ce soin. Les sourcils se teignent avec une herbe nommé « vesmet », que l'on fait bouillir dans des casseroles microscopiques; la décoction de cette plante se verse sur les sourcils à l'aide d'une petite cuiller à bec recourbé; les cils, à leur tour, sont teints au « sourmet ». Ajoutez à cela le « sorkhab » pour donner aux joues la couleur des roses, le henné pour teindre en rouge les ongles des mains et des pieds, et vous vous ferez une idée du maquillage compliqué auquel se soumet chaque Persane de condition, au moins deux fois par semaine. J'emporte un nécessaire de toilette de femme. Je vous assure qu'il est plus compliqué que celui de la plus élégante de nos mondaines.

Les heures qui ne sont pas remplies par les soins de la toilette, la femme persane les passe à recevoir et à faire des visites, à croquer des bonbons et à fumer d'innombrables kalianes : triste existence au fond, absolument vide de devoirs et d'émotions. La jeune fille est mariée par le père, qui, suivant la position qu'il occupe, exige du futur une somme plus ou moins considérable. L'alliance d'une puissante famille se paye un prix exorbitant. Il faut toute une fortune pour épouser une fille du Chah.

Au Turkestan, on me demandait combien de femmes j'avais. Grand était l'étonnement quand j'avouais n'en posséder aucune. — « Tu dois être bien pauvre ! » me disait-on alors avec commisération.

En Perse, où nos coutumes européennes sont connues jusqu'à un certain point, c'était une autre chanson : on me répondait invariablement : « Dans le Frenghistan, où les femmes vous payent pour les épouser, il faut avoir bien de la malechance pour ne pas trouver une femme qui vous achète ! »

Pour dissiper la mélancolie que ces réflexions me suggéraient, et consoler mon amour-propre qui n'avait jamais envisagé les choses à ce point de vue, on ajoutait : « Achète chez nous une Persane. Si elle t'ennuie, tu pourras toujours la revendre. »

Faisons maintenant, si vous le voulez bien, un tour aux bazars. Il y a loin de ceux du Turkestan à celui de Téhéran. Ici, quelle profusion de marchandises, quelles richesses, en comparaison des échoppes de Boukhara et de Khiva ! J'y ai passé de biens bons moments, mais il est rare d'y faire des trouvailles. Les vieilles faïences ont disparu ; si, par-ci par-là, on découvre un beau tapis ancien du Kourdistan, les armes d'Ispahan sont introuvables. Quelle différence avec l'Asie centrale où j'étais un des premiers acheteurs d'objets antiques, et où je payais les vieux bronzes au pris du métal ! A Téhéran, tout est hors de prix, car chacun connaît la manie des Européens pour les bibelots. Les seules curiosités que j'aie achetées ont été dénichées dans des échoppes d'antiquaires. Quant aux nouveautés persanes, elles sont si connues qu'elles sont tombées aux mains des magasins du *Bon Marché* et du *Louvre*. D'ailleurs, mes collections de curiosités et surtout d'armes orientales étaient déjà si complètes que je n'ai pas fait la folie d'acheter à grands frais à Téhéran ce qu'on trouve à meilleur compte à l'hôtel Drouot.

Bref, ne voulant pas m'éterniser à Téhéran, où les chaleurs commençaient, rassasié d'ailleurs de ses fêtes, je songeai sérieusement à m'arracher à cette Capoue.

VII

Je n'attendais pour partir que le lendemain des courses de chevaux, une des fêtes populaires les plus intéressantes de l'époque de Nourrouz. . .

Le 11 avril, à sept heures et demie du matin, un coup de canon annonçait à toute la ville que les courses avaient lieu ce jour-là. A partir de ce moment, ce n'est qu'un pèlerinage général vers l'hippodrome. Les bazars se ferment, et tout ce qui peut se mouvoir se presse et se bouscule pour jouir de ce spectacle unique.

A neuf heures et demie, un second coup de canon nous avertit que le cortége de Sa Majesté sort de l'*Arc*, et qu'il est temps pour nous aussi de monter à cheval. Nous laissons défiler devant nous ce cortège sur la place de l'Artillerie. Un régiment de chasseurs à cheval, le fusil en bandoulière, ouvre la marche. Puis vient le carrosse du Chah, grande voiture de gala à glaces, attelée de six chevaux conduits à la Daumont. Sa Majesté y est seule, constellée de diamants; autour du carrosse, l'essaim des coureurs armés de leurs longs bâtons, et les serviteurs à cheval chargés des ustensiles dont le Chah pourrait avoir besoin, puis les kalianetchis (porteurs de pipes) tenant le kaliane dans leurs arçons, et à leurs étriers le réchaud avec ses charbons ardents. Parmi ces cavaliers figure le bourreau qui, avec ses aides, fait partie de toutes les excursions royales.

Un second régiment est suivi des voitures qui renferment la favorite et une partie de l'endéroun : autour des ces véhicules caracolent les eunuques et les ferrakhs qui font pleuvoir sur les curieux des volées de coup de trique. Ces carrosses contiennent chacun quatre femmes, enveloppées de la « tchadra » en coton bleu et couvertes d'un voile blanc qui ne permet guère de distinguer autre chose que des gants de soie de couleur voyante.

Nous prenons place dans le cortège pour avancer lentement, au pas, au milieu de l'immense foule qui borde la route des deux côtés. Les toits sont couverts de femmes qui soulèvent parfois leurs « roubend » (voiles) pour mieux voir. Parfois aussi on entrevoit une jolie figure qui se cache aussitôt qu'elle remarque l'attention du passant. Le flot bariolé des rues se précipite avec force cris et bousculades vers la place où la tomacha va avoir lieu. En dehors des portes, nous apercevons un grand édifice à deux étages de loges : ce sont les tribunes royales. Une enceinte, close d'un mur, forme l'intérieur du champ de course, qui reste vide en face des loges. Le public s'est groupé à droite et à gauche des tribunes, où se dressent les tentes des hauts fonctionnaires et des membres de la colonie européenne.

L'arrivée du cortège est saluée par une salve de l'artillerie, accourue au galop pour ouvrir un feu de batterie des deux côtés de la route. La musique persane, juchée sur des dromadaires décorés des couleurs nationales (rouge et vert), fait entendre son charivari de cornemuses, de clarinettes et de fifres, avec accompagnement des détonations de petits obusiers portés également à dos de chameau, et qui sont un des traits distinctifs du cortège royal. Rien de plus drôle que cette artillerie-là. Chaque chameau a sur chaque bosse un drapeau persan et porte, outre sa bouche à feu, trois canonniers. Un soleil resplendissant prête à ce tableau une richesse de couleurs inoubliable.

Les deux loges du ministre des affaires étrangères sont bondées : au milieu des membres du corps diplomatique, on distingue quelques dames; on y cause, on y déjeune, tout en regardant

MARCHAND

les chevaux et les courses qui se succèdent et se ressemblent.

Les chevaux sortent des écuries du Chah et des princes : les premiers gagnent toujours. La piste a un peu plus de trois kilomètres : six tours de piste, soit vingt-quatre kilomètres environ, sont franchis en vingt-sept minutes trente-sept secondes. Une chose curieuse, ce sont les départs. Dix-huit à vingt-cinq chevaux sont placés le poitrail contre une corde tendue par deux stuarts. Quand la corde tombe, ils partent de la façon la plus irrégulière, mais non sans avoir reçu un baptême d'eau froide que les palefreniers, munis de grands seaux, leur administrent au dernier moment. On attribue à ce bain préalable une grande efficacité.

Les gamins qui montent les coureurs croisent à volonté, debout sur leurs étriers : aux derniers tours, c'est une avalanche de coups de fouet dont ils cinglent leurs montures. L'arrivée n'a rien de palpitant, car les chevaux, surmenés, ralentissent peu à peu leur train.

Comme il n'y a aucune variation dans cette suite de courses plates, que personne ne connaît les chevaux, il n'y règne pas, en somme, une grande animation ; de plus, grâce au mur d'enceinte, on ne voit les chevaux que lorsqu'ils ont dépassé les tournants ; il est impossible, par conséquent de bien suivre la course, dont une bonne partie est dérobée aux regards.

Comme intermèdes entre les courses, on entend des productions de l'orchestre royal, installé en face de la loge du centre occupée par Sa Majesté. Derrière cette musique, figure, comme dans toutes les solennités, l'éléphant caparaçonné d'or. Parfois un couple de danseurs vient exécuter sur la piste sa chorégraphie, et des pantomimes qui forcent nos dames européennes à se réfugier au fond de leur loge.

Une grande revue devait clore cette journée. Toute la garnison défila sur la piste devant la loge royale.

Cette opération dura trop longtemps pour nos nerfs surexcités par le bruit, l'éclat de la lumière et la poussière, et tout le monde finit par être persuadé que le mur protecteur cachait, à l'instar des coulisses de théâtre, une évolution qui nous ramenait toujours, à intervalles égaux, les mêmes regiments, dont on se bornait à changer les officiers. Il faut savoir qu'en Perse, comme ailleurs, il y a des régiments qui ne figurent que sur le papier. Le gouvernement paye la solde, mais l'argent va se perdre dans certaines poches administratives.

Un *intermezzo* tragique m'était réservé pour la dernière soirée qu'il m'était donné de passer avec mes chers amis de Téhéran. Dans la journée, pendant que je m'acquittais de mes dernières visites officielles, mon Chébane avait disparu. On me prévint dans plusieurs maisons qu'il me cherchait dans le quartier européen, et l'on ajoutait en riant : « Votre Tcherkesse semblait légèrement ému. » Peu rassuré, je mis mes gens à sa recherche : craignant sa mauvaise tête, j'avais eu soin de le mettre sous clef chaque soir.

Vers six heures, un « goulam » de l'Ambassade de Russie vint me mander auprès de l'ambassadeur, et, chemin faisant, j'en appris de belles. Chébane, mon guide et chef d'escorte, fêté par ses compatriotes, avait bu quelques verres de vodka, et, s'apercevant que j'avais quitté la maison, il s'était mis à ma recherche à toute carrière dans les rues de Téheran, culbutant dans cette course ce qui se trouvait sur son passage, et ameutant tout le quartier.

En renversant avec son cheval turcoman un pauvre âne qui marchait paisiblement chargé de son bât, il avait du même coup jeté bras et jambes en l'air un fonctionnaire persan. L'escorte du fonctionnaire avait tiré l'épée, et Chébane, son kindjal entre les dents, avait commencé à « travailler » de la nagaïka d'abord, du poignard ensuite : des blessés jonchaient la route, et le nombre de ses agresseurs allait croissant, criant qu'ils occiraient ce chien. Ledit chien s'était alors adossé au mur et, se démenant comme un diable, allait être taillé en pièces, quand un officier russe survint juste à temps ; il se fit jour à travers la foule et déclara que Chébane était son prisonnier, et qu'il serait ramené à l'ambassade de Russie. C'est là, dans la prison, que je le retrouvai, fort peu repentant de ses méfaits. Vous jugez de l'accueil aimable que je reçus. C'était un affreux scandale ! Il s'agissait de blessures graves, etc. « S'il était entre les mains de la police persane, ce serait bien une autre affaire », me dit l'ambassadeur.

Je réussis à tranquilliser celui-ci sous ce rapport : jamais mon gaillard ne se serait laissé prendre vivant par des Persans. Ce ne fut que sur mes instances que l'on fit grâce à mon chef d'escorte, à la condition toutefois qu'il repartirait immédiatement pour l'Akhal avec la perspective d'être ramené les fers aux mains au Caucase, au premier désordre qui se produirait sur sa route.

Je l'accompagnai jusqu'aux portes de la ville, et je m'en revins fort triste. Ce fut en effet, un dur moment à passer pour moi que celui où je pris congé de mon brave *alter ego*, et j'en ai autant souffert que quand j'ai dû me séparer de mes chevaux.

VIII

Le lendemain, je quittais à mon tour, accompagné de nombreux amis, ce Téhéran dont j'emportais tant de souvenirs. Cette fois, j'étais commodément installé dans un tarantasse russe attelé de bons chevaux, avec relais à chaque station de poste jusqu'à Kazvine. Mes bagages avaient été expédiés à l'avance sous la garde de mon Tcherkesse Akhmet; je n'avais plus avec moi qu'un serviteur.

C'est ainsi que je parcourus six menzils, soit vingt-trois farsakhs, sur une bonne route jalonnée de *tchaparkhanés* (maisons de poste) très-confortables.

Pour tout bagage, j'avais mes selles, des provisions et des sacoches. A Kazvine, on m'amena des chevaux de poste sellés. De là à Recht, plus de voie carrossable, seulement un étroit sentier à mulets, parfois escarpé, pour franchir les dernières montagnes qui me séparent de la mer Caspienne ; mais en somme, une plaisanterie en comparaison des fatigues passées.

L'institution des tchapars est un des grands bienfaits du règne de Nasr-Eddin-Chah. Le royaume est aujourd'hui sillonné en tous sens de lignes postales, et à chaque menzil important, le voyageur trouve un de ces tchaparkhanés, édifices carrés avec une cour au centre entourée d'écuries. Une logette au-dessus de la porte d'entrée est destinée au voyageur; suivant l'importance de la station, les écuries peuvent contenir dix à vingt-cinq chevaux de selle. Le voyageur muni d'un laisser-passer des autorités postales est en droit de requérir autant de chevaux que l'exige le transport de son escorte, à raison de 1 kran par farsakh et par cheval.

Comme dans le caravansérai, le logis dans ces stations est gratuit. La poste ne fournissant que les chevaux, il faut emporter avec soi selle, bride et chabraque.

De Kazvine à Aga-Baba nous cheminons en plaine. J'éprouve une bien vive satisfaction à me retrouver en selle. L'air du matin est frais et pur, et si nos chevaux ont un galop un peu dur, les selles sont bonnes. En avant, court le tchapar, rivé à sa monture, les jambes entourées de bandes de feutre jusqu'au-dessus du genou, une calotte ronde en feutre sur la tête. C'est un type vraiment original. Je n'insiste pas sur les incidents de notre voyage. Qu'il vous suffise de savoir que, non sans fatigues, nous arrivâmes à Recht. De là je gagnai à cheval, à travers des plaines malsaines, Piribazar. Une barque me conduisit ensuite à Enzéli, où m'attendait le vapeur de la Caspienne. Une demi-heure après, nous voguions vers Bakou, laissant derrière nous la côte occidentale avec son pavillon original construit par le Chah. De loin j'adressai un adieu à la Perse.

Henri Moser.

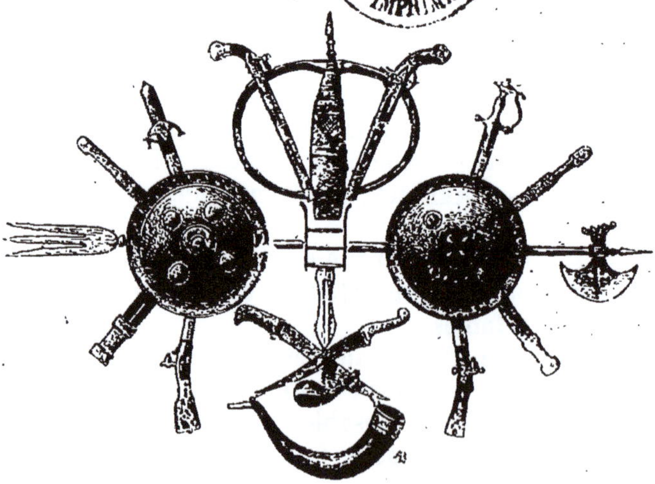

ARMES PERSANES

www.ingramcontent.com/pod-product-compliance
Ingram Content Group UK Ltd.
Pitfield, Milton Keynes, MK11 3LW, UK
UKHW032026260826
14628UKWH00006B/2746

9 782014 090383